I0606066

Celebramos que somos TÚ y YO

Muchas formas de SER

Christy Peterson

ediciones Lerner ◆ Mineápolis

¡En Sesame Street, celebramos a todos!

En esta serie, los lectores explorarán las diferentes maneras en las que comemos, nos vestimos, jugamos y más. Reconocer nuestras similitudes y diferencias les enseñará a los pequeños a estar orgullosos de sí mismos y a apreciar el mundo que los rodea. Juntos, podemos ser más inteligentes, más fuertes y más amables.

Saludos. Los editores de Sesame Workshop

Contenido

Muchas formas de ser

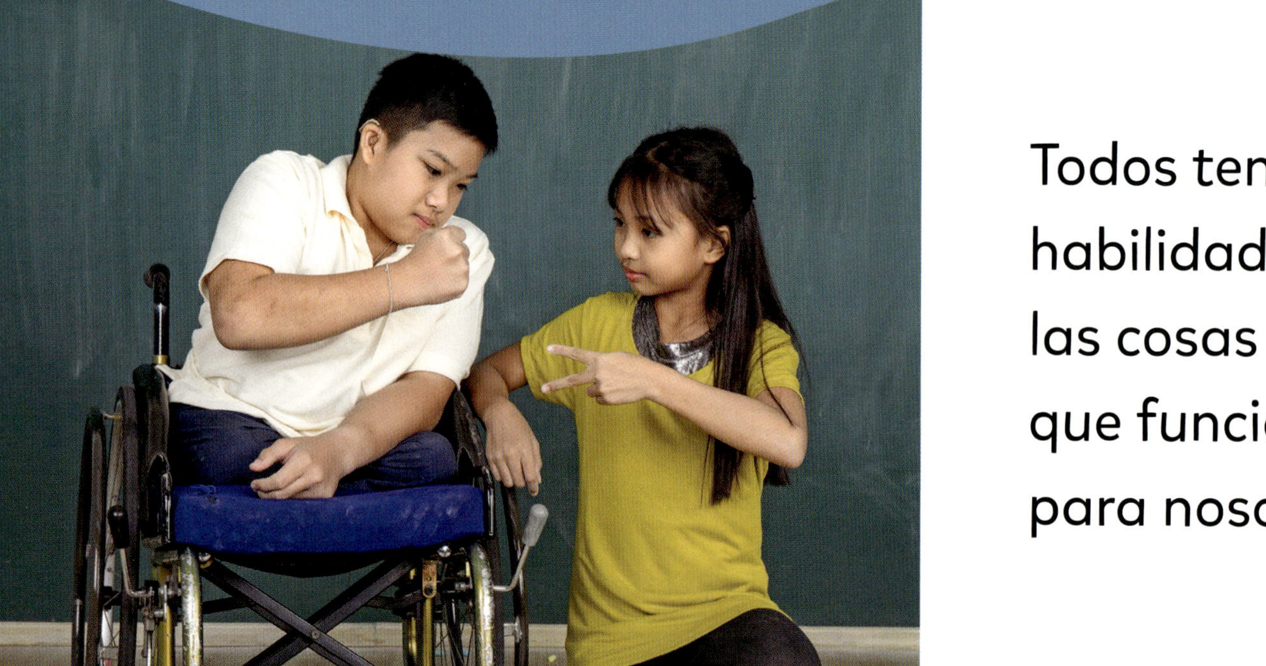

Todos tenemos habilidades. Hacemos las cosas de la manera que funciona mejor para nosotros.

Yo hago las cosas de la manera que funciona mejor para mi cuerpo.

Tú y yo nos respetamos

Todos nos comunicamos. Algunas personas hablan en voz alta. Otras usan una computadora. Y algunas personas se comunican usando las manos.

¡Todos amamos a alguien! Esa es la forma de decir “te amo” en la lengua de señas estadounidense. ¡Yo también te amo!

Todos disfrutamos de la música. Algunas personas usan audífonos para disfrutar de sus canciones favoritas. Otras sienten las vibraciones de la música.

¡Leer es divertido para todos! Algunas personas usan anteojos para poder ver y leer libros. Otras escuchan la grabación de los libros.

Esta persona está leyendo algo escrito en braille. Un punto o grupo de puntos elevados forman una letra.

Hay muchas maneras de movernos.

Cuando las personas
necesitan subir, pueden
usar escaleras o rampas.

¡También pueden
usar ascensores!

Algunas personas usan bastones y andadores para poder caminar. Otras usan una silla de ruedas para ir de un lugar a otro.

¡Cuando mi papi me lleva a la escuela por la mañana, usa una silla de ruedas y yo camino a su lado!

A veces, hacemos las cosas de manera diferente a nuestros amigos. ¡Pensamos formas nuevas de hacer cosas juntos!

¡Es más divertido jugar a algo que todos puedan jugar!

No importa cómo oigas, te comuniques o te muevas, todos podemos demostrar respeto a los demás y a nosotros mismos.

¡Mis amigos hacen las cosas de todo tipo de maneras diferentes!

¡Me da orgullo ser quien soy!

Podemos sentir orgullo por la manera en que hacemos las cosas. Haz un dibujo de algo que haces que te hace sentir orgullo.

Me da orgullo
ser un buen
amigo.

Glosario

braille: escritura que usa un punto o puntos en altorrelieve para representar cada letra

comunicar: pasarle información a alguien

lengua de señas: movimientos con las manos y las expresiones faciales usados para comunicarse. Hay muchas lenguas de señas diferentes en el mundo.

respetar: sentir que alguien o algo tienen valor e importancia

Más información

Chang, Kirsten. *My Friend Is Blind*. Mineápolis: Jump!, 2020.

Cipriano, Jeri. *Getting Glasses*. Egremont, MA: Red Chair, 2022.

Twiddy, Robin. *Using a Wheelchair*. Nueva York: KidHaven, 2022.

Índice

Dedicado a Joseph, Emma, Casper, Sydney y Teagan, que con sus muchas formas de ser hacen que mi vida sea mejor todos los días – C.P.

Créditos por las fotografías

Créditos de las imágenes: Bangkok Click Studio/Shutterstock, p. 4 (arriba); ktaylorg/E+/Getty Images, p. 4 (izquierda abajo); SolStock/E+/Getty Images, p. 4 (derecha abajo); Courtesy Tobii Dynavox, p. 6; somdul/Shutterstock, p. 7; Anna Kraynova/EyeEm/Getty Images, p. 9; MoMo Productions/DigitalVision/Getty Images, p. 10; alle12/E+/Getty Images, p. 11; Josie Gealer/Photodisc/Getty Images, p. 12 (izquierda); Daisy-Daisy/iStock/Getty Images, p. 12 (derecha); kali9/E+/Getty Images, p. 14; sot/Photodisc/Getty Images, p. 17; Olesia Bilkei/Shutterstock.com, p. 18 (arriba); huePhotography/iStock/Getty Images, p. 18 (izquierda abajo); Karunyapas Krueklad/EyeEm/Getty Images, p. 18 (derecha abajo); Inna Kirkorova/Shutterstock, p. 20.

Portada: Bangkok Click Studio/Shutterstock, p. 4 (arriba); Pixel-Shot/Shutterstock.com, (en el medio); Olesia Bilkei/Shutterstock.com, (abajo).

Traducción al español: ® and © 2026 Sesame Workshop. Todos los derechos reservados.
Título original: *Many Ways to Be*
Texto: ® and © 2023 Sesame Workshop. Todos los derechos reservados.
La traducción al español fue realizada por Zab Translation.

Todos los derechos reservados. Protegido por las leyes internacionales de derecho de autor. Se prohíbe la reproducción, el almacenamiento en sistemas de recuperación de información y la transmisión de este libro, ya sea de manera total o parcial, por cualquier medio o procedimiento, ya sea electrónico, mecánico, de fotocopiado, de grabación o de otro tipo, sin la previa autorización por escrito de Lerner Publishing Group, Inc., exceptuando la inclusión de citas breves en una reseña con reconocimiento de la fuente.

ediciones Lerner
Una división de Lerner Publishing Group, Inc.
241 First Avenue North
Mineápolis, MN 55401, EE. UU.

Si desea averiguar acerca de niveles de lectura y para obtener más información, favor consultar este título en www.lernerbooks.com.

Fuente del texto del cuerpo principal: Mikado. Fuente proporcionada por HVD.

Library of Congress Cataloging-in-Publication Data

Names: Peterson, Christy, author.
Title: Muchas formas de ser / Christy Peterson.
Other titles: Many ways to be. Spanish
Description: Mineápolis : ediciones Lerner, [2026] | Series: Celebramos que somos tú y yo con Sesame Street | Includes bibliographical references and index. | Audience: Ages 4–8 | Audience: Grades K–1 | Summary: "We all do things in the way that works best for us. Learn with Sesame Street how to listen to our bodies and give them the tools they need. Now in Spanish!"—Provided by publisher.
Identifiers: LCCN 2024048580 (print) | LCCN 2024048581 (ebook) | ISBN 9798765668146 (library binding) | ISBN 9798765683354 (paperback) | ISBN 9798765674055 (epub)
Subjects: LCSH: People with disabilities—Orientation and mobility. | Hearing aids. | Body image.
Classification: LCC HV3022 .P4818 2023 (print) | LCC HV3022 (ebook) | DDC 362.4/0483–dc23/eng/20241209

Fabricado en los Estados Unidos de América
1-1011887-53747-11/13/2024